# Zero Waste

## Für Anfänger

Wie Sie Müll im Alltag vermeiden,
plastikfrei leben und gleichzeitig
Geld sparen und Ihre
Lebensqualität erhöhen

Melanie Berger

# ♻ INHALT

# Das erwartet Sie in diesem Buch

**W**enn Sie dieses Buch in den Händen halten, haben Sie sich wahrscheinlich auf die ein oder andere Weise bereits mit dem Thema Müll bzw. Müllvermeidung beschäftigt oder suchen nach einem Weg, Abfall in Ihrem Leben zu reduzieren. Dieses Buch widmet sich genau diesem Thema. Denn darum geht es bei *Zero Waste*, einer mittlerweile weltweiten Bewegung, bei der es sich Menschen zum Ziel setzen, so müllfrei wie möglich zu leben.

Vielleicht haben Sie sich auch schon einmal

gefragt, was mit Ihrem Müll eigentlich passiert, nachdem Sie ihn in die Tonne geworfen haben. Die Antwort auf diese Frage finden Sie ebenfalls hier. Sie werden sehen, warum Recycling nicht die einzige Lösung für das globale Müllproblem sein und was vor allem Plastikmüll in der Umwelt eigentlich anrichten kann.

Sie erfahren nicht nur, worum es sich bei *Zero Waste* und den sogenannten 5 R handelt und woher die Bewegung kommt, sondern auch, warum es überhaupt sinnvoll ist, Müll zu vermeiden. Dabei ist das Buch sowohl für absolute Neulinge als auch für Menschen mit Vorwissen geeignet. Es kann entweder als Einstiegswerk oder als praktische Zusammenfassung und Inspirationsquelle dienen.

Denn davon bekommen Sie hier jede Menge: Anregungen und Ideen, wie Sie *Zero Waste* im Alltag praktisch umsetzen können. Dem ist die komplette zweite Hälfte des Buches gewidmet, inklusive einer spannenden Challenge, mit der Sie sofort starten können. Sie werden sehen, dass *Zero Waste* alle Lebensbereiche umfassen kann und Sie erhalten Tipps, wie Sie am besten damit beginnen, Ihren eigenen Müll zu reduzieren.

# Was ist eigentlich Zero Waste?

L aut der Zero Waste International Alliance (ZWIA) bedeutet *Zero Waste* folgendes: „Die Bewahrung aller Ressourcen mittels verantwortungsvoller Produktion, Konsum, Wiederverwendung und Rückgewinnung von Produkten, Verpackungen und Materialien ohne Verbrennung und ohne Absonderungen zu Land, Wasser oder Luft, welche die Umwelt oder die menschliche Gesundheit bedrohen."[1]

Die ZWIA entwickelt seit 2002 globale Standards für die Entwicklung von *Zero Waste* im Rahmen von *Zero Waste Politik* oder *Zero Waste Städten*. Erfunden hat sie den Lebensstil aber nicht. Dieser Ruhm gebührt Bea Johnson.

## HINTERGRUND

Das Wichtigste zuerst: *Zero Waste* grenzt an Utopie, das heißt 100 % perfekt geht nicht. Dementsprechend sollten Sie auch nicht erwarten, dass Sie von einem auf den anderen Tag komplett müllfrei leben können. Selbst große Blogger und bekannte Personen aus der Szene wie Bea Johnson haben am Ende eines Jahres etwas Müll angesammelt, selbst wenn er bei diesen meistens in ein Einmachglas passt. Wenn Sie sich zu der Thematik informieren, stoßen Sie früher oder später sicher auf Begriffe wie *Less Waste (weniger Müll)* oder *Low Waste (geringer Müll)*. Manchen Menschen ist der Begriff *Zero Waste* zu radikal oder umfassend. Wenn man bedenkt, dass

---

1    Deutsche Übersetzung der Definition der Zero Waste International Alliance, englische Version im Anhang

es sehr unwahrscheinlich oder schwierig ist, ein Leben ganz ohne Müll zu leben, scheint die Frage gerechtfertigt, warum man von *Zero Waste* spricht und eben nicht von Low oder Less. Am Ende ist es aber egal, wie Sie Ihr Vorhaben betiteln wollen, denn eines haben alle Begriffe gemeinsam - den Kerngedanken, so viel Müll wie nur möglich zu vermeiden. Wenn Sie sich mit einem der anderen Begriffe wohler fühlen, verwenden Sie diesen. Die Hauptsache ist, Sie packen das Projekt Müllvermeidung überhaupt an.

Seit 2008 hat die gebürtige Französin, die den Großteil ihres Erwachsenenlebens in Amerika verbracht hat, gemeinsam mit ihrer Familie ihren gesamten Müll so drastisch reduziert, dass er in ein einfaches Einmachglas passt. Um ihre Erfahrungen weiterzugeben, startete sie den Blog *Zero Waste Home* (www.zerowastehome.com). Mittlerweile ist daraus eine weltweite Bewegung geworden. Immer mehr Menschen entscheiden sich für ein müllfreies Leben. Über 500.000 Abonnenten zählt die Vorreiterin der Szene auf ihren Social-Media-Kanälen und ihr Buch *Zero Waste Home* wurde in mehr als 25 Sprachen übersetzt (die deutsche Version heißt *Glücklich leben ohne Müll*).

In Deutschland gibt es ebenfalls große Zero-Waste-Blogger. Eine ganze Community ist mittlerweile um *Zero Waste Deutschland* entstanden (www.zero-waste-deutschland.de). Inga und Hanna stecken hinter dem Projekt und liefern mit Magazinen zu spannenden Themen oder Videos auf ihrem YouTube-Kanal wertvolle Tipps - sowohl für Einsteiger als auch für fortgeschrittene Müllvermeider.

Auch wenn es auf den ersten Blick nicht so scheinen mag, bei *Zero Waste* geht es um mehr als nur um die Vermeidung von Müll. Letztendlich geht es darum, den eigenen Konsum zu hinterfragen. Was brauchen Sie wirklich? Was können Sie selbst machen? Was können Sie leihen? In den meisten Fällen ist ein Neukauf nicht unbedingt notwendig. Viele Dinge des täglichen Bedarfs gibt es in guter Qualität gebraucht, können einfach selbst hergestellt werden oder man braucht sie so selten, dass man sie sich bei Bedarf von Nachbarn oder Freunden leihen kann. Das dachte sich auch Bea und begann auf Basis der 5 R ihr müllfreies Leben aufzubauen.

# DIE 5 R

Die strikte Befolgung der 5 R in einer bestimmten Reihenfolge sei ihr Geheimnis, mit dem sie es schaffe, seit 2008 ihren und den Müll ihrer Familie so weit zu reduzieren, dass er in einem Einmachglas Platz hat. Diese 5 kleinen Wörter fehlen eigentlich in keinem der mittlerweile zahlreichen Zero-Waste-Blogs im Internet. Auch *Zero Waste Deutschland* nennt sie als Basis für den Weg in die Müllfreiheit. Die 5 R lauten wie folgt: Refuse, Reduce, Reuse, Recycle, Rot.

## 1. Refuse (Vermeiden)

Das erste R spiegelt den Kerngedanken der ganzen Bewegung wider. Es geht darum, so viel Müll wie möglich gar nicht erst zu produzieren. Dazu gehört, sich vor einem Neukauf Gedanken darüber zu machen, ob man das Produkt wirklich braucht oder ob es z. B. eine unverpackte Alternative gibt. Sie müssen aber nicht von jetzt auf gleich in allen Lebensbereichen verzichten, sondern können damit anfangen, bestimmte Dinge erst einmal zu reduzieren.

## 2. Reduce (Reduzieren)

Weil es durchaus Lebensbereiche gibt, in denen das Vermeiden schwerfällt oder einfach nicht möglich ist, kommt hier das zweite R ins Spiel. Es erleichtert auch den Start in ein müllfreies Leben, denn oft ist es leichter z. B. die wöchentlichen zwei Tüten Chips erst einmal auf eine zu reduzieren, anstatt sie direkt ganz wegzulassen. So können Sie Schritt für Schritt neue Gewohnheiten aufbauen und immer mehr Müll aus Ihrem Leben verbannen, bis Sie irgendwann soweit sind, ihn komplett zu vermeiden.

## 3. Reuse (Wiederverwenden)

Egal, ob die Plastiktragetasche vom letzten Klamotteneinkauf oder die Obstschale, in der Sie gestern Erdbeeren gekauft haben - viele Dinge, die eigentlich als Einmalprodukt hergestellt wurden, lassen sich trotzdem mehrmals verwenden. Die Plastiktüte kann eine Zeit lang noch zum Tragen und anschließend als Mülltüte verwendet werden. In der Obstschale können Sie beim nächsten Einkauf loses Obst portionieren. Wenn Sie also einmal von Ihrem eigentlichen Vorhaben abweichen, überlegen Sie sich einfach, was Sie mit dem angefallenen Müll noch anstellen können. Der Kreativität sind hier keine

Grenzen gesetzt. Im Internet gibt es massenhaft An-
leitungen, wie man z. B. aus einem Tetrapack Stifte-
halter, Geschenkverpackungen oder sogar einen
Geldbeutel herstellen kann. Ebenfalls zu Reuse zählt
der Kauf von Mehrwegprodukten wie z. B. Getränke-
flaschen. Außerdem fällt unter diesen Punkt das Reparieren von Gegenständen. Das Loch in der Hose
beispielsweise können Sie in den meisten Fällen einfach stopfen. In einigen Städten gibt es auch sogenannte *Repair Cafés*, in denen sich Menschen treffen,
um gemeinsam kaputte Gegenstände zu reparieren.

### Recycle (Wiederaufbereiten)

Das Recycling steht bewusst an vierter Stelle, denn
auch wenn Recycling wichtig ist, verbraucht es Energie. Manchmal kann ein Produkt nötig sein, auch
wenn eine plastikfreie oder wiederverwendbare Alternative nicht zur Verfügung steht. Dann sollten Sie
zumindest darauf achten, dass das Produkt oder die
Verpackung recycelt werden kann. (Mehr zu Recycling lesen Sie im Abschnitt *Recycling* von Kapitel 2.)

### 4. Rot (Kompostieren)

An diesem Punkt scheiden sich manche Geister der Zero-Waste-Szene. Kompostierter Biomüll kann als Dünger wiederverwendet werden und Kompostieren verbraucht keine zusätzliche Energie. Einige Menschen sind deshalb der Meinung, dass es weiter oben in der Rangfolge stehen sollte. Am Ende ist es aber egal, wo Sie es in Ihrer Skala anordnen, solange es ein wichtiger Bestandteil Ihrer *Zero Waste* Strategie bleibt.

Die 5 R sind also die Basis für ein Leben ohne Müll. Wenn Sie Ihre täglichen Entscheidungen immer wieder auf die Anwendung dieser überprüfen, haben Sie schon einen wichtigen Schritt getan. Und hier ist noch ein Bonus-R für Sie: Rethink! Wie am Anfang dieses Kapitels erwähnt, geht es bei *Zero Waste* auch darum, den eigenen Konsum zu hinterfragen. Hierbei handelt es sich nicht um einen geschlossenen Prozess, sondern etwas, das Sie immer wieder tun sollten. Egal, wo Sie gerade mit Ihrem Vorhaben stehen, es lohnt sich immer einmal innezuhalten und zu reflektieren, was bereits gut läuft und wo es noch Verbesserungspotential gibt.

# Warum Zero Waste?

**A**bfall bezeichnet „jeden Stoff oder Gegenstand, dessen sich sein Besitzer entledigt, entledigen will oder entledigen muss"[2]

Sprich: Abfall ist alles, was wir nicht mehr haben wollen (in manchen Fällen auch können oder dürfen) und deshalb wegwerfen.

In der Theorie werden Abfälle in Siedlungs- und Produktionsabfälle unterteilt. Letztere außerdem in gefährliche und nicht gefährliche. Produktionsabfälle sind jene, die in Produktionsprozessen anfallen.

---

2   Richtlinie des Europäischen Parlaments und des Rates über Abfälle und zur Aufhebung bestimmter Richtlinien

Siedlungsabfälle dementsprechend alle Abfälle, die außerhalb dieser Prozesse entstehen (z. B. Bau- oder Haushaltsabfälle). Produktionsabfälle lassen sich wesentlich leichter wieder in den Produktionsprozess zurückführen, weil sie, im Gegensatz zu Siedlungsabfällen, oft nur aus einem Material bestehen. Solche Abfälle werden Monoabfälle genannt

Aber Müll ist nicht gleich Müll. Abfallwirtschaftlich wird alles, was in Deutschland weggeworfen wird, detailliert unterschieden. Wie das geschieht, wird in der Abfallverzeichnisverordnung (AVV) genau geregelt. Jede Abfallart hat hier ihren eigenen sechsstelligen Abfallschlüssel und eine Bezeichnung. In insgesamt 20 Kapiteln des Abfallverzeichnis kommen stolze 842 Abfallarten zusammen, 288 davon sind gefährlich. Neben klassischen Abfällen wie Papier und Pappe (Abfallschlüssel 20 01 01) und Glas (20 01 02) wird z. B. zwischen Bekleidung (20 01 10) und Textilien (20 01 11) unterschieden. Diese fallen alle unter Kapitel 20, die Siedlungsabfälle. Ein weiteres Kapitel ist beispielsweise *Abfälle aus der fotografischen Industrie* (Kapitel 9) mit Abfällen wie Fixierbänder (09 01 04*) oder Einwegkameras ohne Batterien (20 01 10). Das Sternchen hinter der Nummer

kennzeichnet gefährliche Abfälle, also Müll, in dem gefährliche oder giftige Stoffe enthalten sind.

Abfall ist, wie Sie sehen, eine richtige Wissenschaft. Hinter dem Wurf in den Mülleimer bis zur Verbrennung oder Wiederaufbereitung steckt eine riesige Industrie. Abfall hat System und das ist auch gut so. Nur durch detaillierte Unterscheidung ist es möglich, so viele Rohstoffe wie möglich wiederzuverwenden oder, wenn das nicht möglich ist, sie fachgerecht zu entsorgen. Dabei kann natürlich jeder durch richtige Mülltrennung helfen. Oder eben, indem weniger Müll gemacht wird. Müll vermeiden steht übrigens auch ganz oben in der deutschen Abfallhierarchie, noch vor dem Recycling.

## MÜLLAUFKOMMEN UND -VERWERTUNG IN DEUTSCHLAND

Müll hat die Menschheit wahrscheinlich schon immer produziert. Allerdings hat sich die Art der Abfälle immer stärker verändert.

Auf der Welt wird heute beispielsweise viel mehr Plastik hergestellt als in den 50ern. Dementsprechend steigt auch die Menge an Plastikmüll.

Aber was passiert damit eigentlich?

1972 wurde das erste bundesweite Abfallbeseitigungsgesetz verabschiedet, das die Beseitigung von Abfällen regeln sollte. Aufgrund dieses Fokus arbeitete man damals in einer sogenannten Beseitigungswirtschaft. Diese hat sich im Laufe der Jahre immer mehr zu einer Kreislaufwirtschaft entwickelt. Das bedeutet, dass man Abfälle nicht mehr einfach loswerden möchte, indem man sie z. B. verbrennt oder deponiert, sondern man versucht, noch brauchbare Rohstoffe wieder in das Wirtschaftssystem zurückzuführen, eben einen Kreislauf zu schaffen. 2012 wurde dieses Bestreben mit dem Kreislaufwirtschaftsgesetz schließlich gesetzlich verankert.

Laut Statistischem Bundesamt fielen im Jahr 2017 insgesamt 412 Millionen Tonnen (Mio. t) Abfall in Deutschland an. Hierzu zählen beispielsweise Haushaltsabfälle, die im selben Jahr 64,2 Mio. t insgesamt und 462 kg pro Kopf (2018 455 kg pro Kopf) ausmachten. Seit 2000 ist die Gesamtmenge um fast 10 Mio. t angewachsen (damals 37,6 Mio. t). Von dieser Menge entfielen 2018 jeweils 68 kg pro Einwohner auf Verpackungsmüll. Dieser ganze Müll muss irgendwohin, am besten wiederverwertet in die

Produktion. Noch besser wäre allerdings, wenn er gar nicht erst anfallen würde. So sieht das auch die Abfallhierarchie, die in § 6 des Kreislaufwirtschaftsgesetzes festgelegt ist:

„Maßnahmen der Vermeidung und der Abfallbewirtschaftung stehen in folgender Rangfolge:

1. Vermeidung

2. Vorbereitung zur Wiederverwendung

3. Recycling

4. sonstige Verwertung, insbesondere energetische Verwertung und Verfüllung

5. Beseitigung."[3]

Auffallend ist, dass Recycling in der Hierarchie erst an dritter Stelle steht. Im Alltag erscheint dies oft als das oberste Ziel, auch weil sich Deutschland selbst lange als Recyclingweltmeister bezeichnet hat. Tatsächlich ist diese Reihenfolge aber sehr viel sinnvoller. Das Wiederverwerten von Rohstoffen aus Abfällen ist natürlich gut und wichtig, noch besser und deshalb in der Priorität höher ist aber, den Müll erst gar nicht zu verursachen.

Anfallender Müll wird entweder mechanisch-biologisch, chemisch-physikalisch oder thermisch

---

3    §6 Abs. 1 Kreislaufwirtschaftsgesetz

behandelt oder abgelagert. Bioabfälle werden vergoren oder kompostiert. Seit 2005 dürfen nicht vorbehandelte Abfälle nicht mehr deponiert werden, da sie gefährliche Stoffe enthalten können. Eine solche Ablagerung sollte gemäß der Abfallhierarchie immer die letzte Option sein. Entsprechend positiv ist hier die Entwicklung der Ablagerungsquote von 28,7 % in 2000 auf 17,6 % in 2017 zu werten[4]. Aber was passiert nun im Einzelnen bei der Verwertung des Abfalls?

Die mechanisch-biologische Behandlung ist eigentlich kein eigenständiges Entsorgungsverfahren. Ziel ist es, Abfälle zu sortieren und für die weitere Verwertung oder Beseitigung aufzubereiten. Hierbei kommen zwei Vorgehen zum Einsatz: Beim ersten Verfahren werden zunächst Metalle und heizwertreiche Bestandteile vom Restabfall getrennt. Der Rest wird dann nach Vorbehandlung deponiert. Die zweite Variante ist das Stabilatverfahren. Aus dem Müll werden Ersatzbrennstoffe, sogenannte Stabilate, erzeugt. Der Rest, der hierbei übrigbleibt, wird getrocknet und in verwertbare Anteile getrennt.

---

4    Umweltbundesamt, 2019

Die chemisch-physikalische Behandlung wird bei gefährlichen Abfällen angewendet. Der Müll wird untersucht und die enthaltenen Stoffe identifiziert. Die gefährlichen Inhaltsstoffe werden dann zerstört oder in ungefährliche umgewandelt. Zur Umwandlung werden chemisch-physikalische Reaktionen genutzt.

Thermische Verwertung bedeutet Verbrennung. Das passiert vor allem mit Hausmüll, der in großen Anlagen, teilweise auch in Kohlekraftwerken oder anderen Industriefeueranlagen, verbrannt wird. In den reinen Müllverbrennungsanlagen wird die entstehende Energie als Strom oder Fernwärme genutzt. Der energetische Gesamtnutzungsgrad liegt im Durchschnitt bei 50 %, könnte aber durch eine bessere Anbindung noch erhöht werden. Wenn der Müll in anderen Anlagen mitverbrannt wird, muss er vorher zu Ersatzbrennstoff aufgearbeitet werden.

Die Ablagerung oder auch Deponierung sollte abfallwirtschaftlich immer die letzte Option sein, wenn keine andere Verwendung der Abfälle mehr möglich ist. Es werden verschiedene Deponieklassen mit z. B. unterschiedlichen Grenzwerten für Schadstoffe unterschieden. Wie bereits erwähnt, muss der Abfall erst vorbehandelt werden, damit er abschließend gelagert werden kann. Laut dem Umweltbundesamt reichten die vorhandenen Deponiekapazitäten 2016 noch für 20 Jahre. Aber auch langfristig wird die Deponie ein Teil der deutschen Abfallwirtschaft bleiben, weil sie als Schadstoffsenke dienen kann, um giftige oder gefährliche Stoffe aus dem Wirtschaftskreislauf auszuschleusen.

In vielen Haushalten gibt es mittlerweile eine extra Biotonne, in der Bioabfälle separat gesammelt werden können. Für die Verwertung des Biomülls ist eine komplette Separierung von anderen Abfallarten auch die beste Option. Dann kann er zu Kompost oder Gärrückständen verarbeitet werden und als Dünger für die Landwirtschaft oder als Torf für den Gartenbau dienen. Der Großteil des Biomülls wird kompostiert, der Rest in Biogasanlagen vergoren. Am besten für die Umwelt ist eine kombinierte Nutzung, da bei der Verrottung das klimaaktive Gas Methan entsteht. Wird der Müll zuerst vergoren, wird das Gas in der Biogasanlage aufgefangen und die Gärrückstände können anschließend kompostiert werden. Die behandelten Bioabfälle können allerdings nicht einfach landwirtschaftlich genutzt werden, sondern müssen dafür Qualitätsanforderungen genügen.

## RECYCLING

Ist Recycling die Lösung des Müllproblems? Lange Zeit hat sich Deutschland selbst als Recyclingweltmeister betitelt. Wenn man sich die offiziellen Statistiken des Statistischen Bundesamtes ansieht, dann scheint die Recyclingquote hierzulande auch sehr hoch zu sein. Für 2017 lag sie beispielsweise für Elektroaltgeräte, Papier und Glas aus Haushaltsabfällen bei bis zu 100 %, für Verpackungen immerhin bei 87 %. Hierbei ist zunächst noch einmal darauf hinzuweisen, dass diese Zahlen ausschließlich für den Hausmüll gelten. Die Recyclingquote für Siedlungsabfälle lag 2017 bei 67 % und für Abfall insgesamt bei 69 %[5]. Außerdem ist bei dem Begriff Recycling Vorsicht geboten. Unter Recycling fällt alles, was eine entsprechende Anlage von innen sieht, auch der Teil, der am Ende doch nicht verwertet werden kann wie beispielsweise Fehlwürfe, also Abfall, der in die falsche Tonne geworfen wurde. Der Anteil der

---

5    Statistisches Jahrbuch 2019, Kapitel 18.3

tatsächlich wiederverwerteten Stoffe ist in der Realität also niedriger.

Trotzdem ist Recycling natürlich wichtig für den Wirtschaftskreislauf, denn oft können aus Abfällen wieder wertvolle Rohstoffe für die Produktion gewonnen werden. Gerade in einer Welt, in der aus Materialien wie Plastik oft nur sehr kurzlebige Produkte wie Verpackungen hergestellt werden, ist es sehr sinnvoll, dass man versucht, so viel wie möglich wiederzuverwenden.

Was genau beim Recycling passiert, schauen wir uns am Beispiel eines Joghurtbechers aus Plastik an. Das Recycling beginnt schon bei der Mülltrennung. Hat der Becher eine Papierbanderole, sollte diese ins Altpapier, Becher und Deckel kommen in den gelben Sack oder die gelbe Tonne. In einer Sortieranlage wird der Plastikmüll dann nach Größe getrennt, Materialien per Nah-Infrarot-Scanner erkannt und Aluminiumteile aussortiert. Anschließend wird noch nach verschiedenen Kunststoffarten getrennt, die dann sortenweise zu Ballen gepresst und dem Plastikrecycling zugeführt werden. Je nach Kunststofftyp entstehen aus dem weggeworfenen Material beispielsweise Schirme, Blumentöpfe, Abfalleimer,

Koffer oder sogar Spielzeuge.

Bleibt die Frage, ob Recycling die Lösung aller Abfallprobleme sein kann. Hierzu kann man ganz klar – nein - sagen. Recycling ist zwar ein wichtiger Bestandteil des Abfallverwertungssystems, reicht aber nicht aus. Nicht umsonst steht an der Spitze der Abfallhierarchie die Vermeidung. Natürlich ist es gut, wenn für einzelne Produkte nicht alle Rohstoffe neu gewonnen und unter großem Aufwand sowie mit teilweise erheblichen Folgen für die Umwelt und das Klima neu produziert werden müssen. Gleichzeitig ist es aber wichtig, dass die Gesamtmenge an Müll reduziert wird. Denn dieser hat Folgen - sowohl für die Umwelt als auch die Gesundheit.

## FOLGEN FÜR UMWELT UND GESUNDHEIT

Zigarettenstummel auf der Straße, Plastiktüten im Wald oder To-Go-Becher, die achtlos neben der Bank im Park stehen gelassen werden. Das Bild von Müll in der Natur ist sicher eines der ersten Dinge, an die man denkt, wenn man sich über die Folgen von Müll für die Umwelt Gedanken macht. Der Müll bietet nicht nur ein unschönes Bild, seine Zersetzung in der freien Natur schadet dieser oftmals. Beim Abbau eines Zigarettenstummels beispielsweise werden Massen an Giftstoffen wie Teer, Nikotin oder Weichmacher freigesetzt. In höheren Konzentrationen kann das z. B. bei Fischen zum Tod führen, wenn die Zigarettenfilter im Wasser landen. Aber auch Plastikmüll gibt giftige und hormonell wirksame Zusatzstoffe wie Weichmacher in die Umwelt ab, wenn er zerfällt.

Vor allem Kunststoffe sind mittlerweile ein Problem für unseren Planeten. Wahrscheinlich haben auch Sie schon einmal von den Plastikinseln wie dem Great Pacific Garbage Patch im Nordpazifik gehört, die in unseren Meeren schwimmen. Das Plastik treibt nicht nur an der Oberfläche, sondern wird durch Strömungen auch in tiefere Schichten des Ozeans eingebracht. Meerestiere können sich in größeren Plastikteilen verfangen und ersticken. Immer häufiger wird außerdem Plastik in den Mägen von z. B. Seevögeln gefunden, die den Müll für Nahrung halten. Die Kunststoffteile können im Inneren der Tiere nicht zersetzt werden, verklumpen und können dementsprechend auch nicht ausgeschieden werden. Sie verhungern und das, obwohl ihre Bäuche voll sind. Das Plastik landet in den Gewässern einerseits durch illegale Entsorgung, verlorene Ladung oder über Flüsse und Wind. In einigen Ländern wird Müll auch gezielt im Meer oder in Flüssen entsorgt. Statistisch gesehen, kommen 80 % des Kunststoffmülls im Meer vom Land und 20 % von Schiffen oder dem Fischfang[6]. Meerestiere sind dabei nicht die Einzigen, die nachweislich Plastik fressen. Auch im Verdauungstrakt von Tieren (z. B. bei Kamelen) hat man bereits Plastiktüten gefunden.

Das Problem ist, dass Plastik chemisch sehr stabil ist und nicht vollständig verrottet, wie es beispielsweise eine alte Bananenschale tut, sondern es zerfällt einfach nur in immer winzigere Teile. Der Verfall dauert Jahrzehnte, teilweise sogar Jahrhunderte. Ein Zigarettenstummel zerfällt im Meer beispielsweise in ein bis fünf Jahren, eine Plastiktüte braucht schon 10 bis 20 Jahre und eine Plastikflasche ist erst nach 450 Jahren soweit zerfallen, dass sie als abgebaut gilt. Das heißt nur eben nicht, dass sie wie eine Obstschale vollständig verrottet ist (die braucht dafür übrigens nur zwei bis fünf Wochen),

---

6    Verbraucherzentrale, 2018

sondern dass das Plastik nur in so kleine Teile zerfallen ist, dass es mit bloßem Auge nicht mehr sichtbar ist.

Sind die Partikel, die am Ende übrigbleiben, unter 5 mm groß, nennt man sie Mikroplastik. Diese winzigen Teile gelangen nicht nur durch den Abbau von großen Plastikteilen in die Umwelt. Synthetische Kleidungsstücke beispielsweise geben bei jedem Waschgang Mikrofasern ab, die dann über das Abwasser wieder in die Umwelt gelangen. In vielen Pflegeprodukten wie Peelings sind ebenfalls kleinste Kunststoffpartikel enthalten. Sie dienen als Scheuermittel oder sorgen für Farbe oder Textur. Dabei könnte man das Plastik sehr einfach durch natürliche Stoffe ersetzen. Nutzen Sie jetzt ein Peeling, in dem Mikroplastik enthalten ist oder werfen eine Plastiktüte am Strand einfach weg, gelangt früher oder später Mikroplastik ins Meer. Entweder, weil die Plastiktüte in Kleinstteile zerrieben wird oder weil die Partikel aus dem Peeling über das Abwasser in die Gewässer gelangen. Kläranlagen können die winzigen Teile nämlich nur unzureichend filtern und leiten sie deshalb mit dem geklärten Wasser entweder direkt in die Umwelt oder es wird im Klärschlamm auf Felder eingebracht. Einmal im Wasser wirkt das Mikroplastik wie magnetisch auf toxische Substanzen. Es zieht Schadstoffe im Wasser an und bindet diese an sich. Auch längst verbotene Insektizide oder Pestizide, die dort noch immer enthalten sein können. Diese giftigen, teilweise fast unsichtbaren Teilchen werden dann von Meereslebewesen mit der Nahrung aufgenommen und können diese vergiften.

Denken wir weiter: Früher oder später landet wahrscheinlich auch auf Ihrem Teller ein Fisch. Und wenn dieser Fisch sich von anderen kleinen Lebewesen ernährt hat, die ihrerseits Mikroplastik gefressen haben, dann kann es sein, dass auch Sie gerade Plastik essen. Mittlerweile geht man davon aus, dass die Menge an Plastik, die ein Mensch in einer Woche isst, in etwa dem Gewicht einer Kreditkarte entspricht[7]. Plastik findet sich nämlich nicht nur in Fisch oder Muscheln, sondern wurde bereits in Trinkwasser, Milch oder Honig nachgewiesen. Und das alles, weil wir mit unserem Plastikmüll nicht sorgsam genug umgehen. Welche Folgen Mikroplastik für die Gesundheit von uns Menschen, aber auch für die von Tieren und der Umwelt hat, ist noch

---

7    WWF, 2019

immer nicht umfassend geklärt. Dass es aber keineswegs gut sein kann, mit giftigen Substanzen angereicherte Mini-Plastikstückchen zu essen, dazu braucht es wohl nur etwas gesunden Verstand.

Aber auch wenn der Müll nicht einfach in der Umwelt landet, sondern zu Hause in den Mülleimer geworfen wird, haben vor allem Kunststoffe immer noch einen negativen Einfluss auf die Umwelt. Landet das Plastik etwa im Restmüll, wird es gemeinsam mit anderem Müll in Verbrennungsanlagen verbrannt und setzt schädliche Dämpfe wie Kohlendioxid oder Benzol frei. Diese Dämpfe werden nicht von allen Anlagen vollständig gefiltert. Die entstehende Wärme wird teilweise zur Energiegewinnung genutzt. Plastikabfälle, die in der gelben Tonne oder im gelben Sack entsorgt werden, werden zunächst sortiert und nach Sorten getrennt. Alles, was recycelbar ist, wird von entsprechenden Anlagen weiterverarbeitet. Es gibt aber auch Kunststoffe, für die es noch keine geeigneten Recyclingtechniken gibt. Diese werden zu Ersatzbrennstoffen verarbeitet, also am Ende auch verbrannt. Insgesamt endet mehr als 50 % des Plastikmülls in der Verbrennung. Das ist schädlich für die Umwelt und sollte möglichst vermieden werden. Einerseits geht das durch richtige Mülltrennung und Recycling, besser wäre es jedoch, wenn erst gar nicht so viel Plastikmüll anfallen würde.

# Bevor Sie starten

**B**evor Sie in den nächsten Unverpackt-Laden laufen, lohnt es sich eine **Bestandsaufnahme** zu machen. Sammeln Sie den Müll von einer Woche und überlegen Sie sich, was einfach durch Unverpacktes ersetzt werden kann. Am besten gehen Sie hierbei nach Zimmern vor und versuchen, nicht die ganze Wohnung gleichzeitig zu bearbeiten. Vielen Menschen fällt es z. B. leicht im Bad anzufangen. Die Küche dagegen stellt einen oft vor größere Herausforderungen.

Schauen Sie sich auch an, welche plastikverpackten oder Einweg-Produkte sonst noch in der Wohnung stehen, die noch nicht aufgebraucht sind, aber ebenfalls irgendwann im Müll landen werden.

Wenn Sie sich einen Überblick über die aktuelle Situation verschafft haben, sollten Sie überlegen, welche Dinge Sie wirklich brauchen. Wie zu Beginn dieses Buches schon einmal erwähnt, geht es bei *Zero Waste* nicht nur darum, Müll zu reduzieren, sondern auch den **eigenen Konsum zu hinterfragen**. Viele Dinge besitzen wir doppelt oder haben wir seit Jahren nicht mehr benutzt, sie stehen aber trotzdem in unserer Wohnung herum und verbrauchen Platz. Das kann ganz einfach das fünfte Duschgel sein, das Sie sich wegen des limitierten Duftes gekauft haben, die zwölf verschiedenen Spezialreiniger, die Sie besitzen, obwohl Sie doch nur den Universalreiniger benutzen oder der Stapel T-Shirts, der Ihnen schon längst nicht mehr gefällt. Natürlich werfen Sie jetzt nicht einfach weg, was Sie nicht brauchen. Das sollte die allerletzte Option sein. Brauchen Sie auf, was Sie sowieso benutzen und verschenken oder verkaufen Sie Dinge, die Sie eigentlich gar nicht benötigen. Durch das Aufbrauchen passiert auch automatisch das, was ich Ihnen als nächsten Tipp mit auf den Weg geben möchte.

Machen Sie **kleine Schritte**. Wenn Sie wissen, wo bei Ihnen Müll anfällt und welche Dinge Sie tatsächlich brauchen und benutzen, können Sie nach **Alternativen suchen**. Sei es das Stück Seife statt der Duschgelflasche oder die losen Tomaten statt denen in der Plastikbox. Auch hier kann es hilfreich sein, ein Zimmer nach dem anderen anzugehen. Wenn etwas leer ist, überlegen Sie, bevor Sie einkaufen gehen, ob Sie es nochmal brauchen und wenn ja, welche Alternative zu verpackten Produkten es gibt. So müssen Sie nicht für alles auf einmal eine Lösung haben und können unnötige Frustration vermeiden.

Um dabei motiviert zu bleiben, kann es helfen, sich Ziele zu setzen. Am besten sind **smarte Ziele**. SMART bedeutet in diesem Fall spezifisch, messbar, attraktiv, realistisch und terminiert. Im Einzelnen sollten Ihre Ziele also folgende Kriterien erfüllen:

**Spezifisch:**
Wenn Ihr Ziel ist, weniger Müll im Bad zu machen, ist das sehr unspezifisch und es kann schwierig sein, geeignete Verhaltensweisen und Handlungen zu finden, die Ihnen helfen, das Ziel zu erreichen. Besser ist es, wenn Sie Ihr Ziel so genau wie möglich formulieren, z. B., dass Sie weniger Plastikmüll im Bad

verursachen möchten oder dass Sie hauptsächlich unverpacktes Obst und Gemüse kaufen. Diese Ziele sind sehr viel klarer und helfen Ihnen, die geeignete Strategie zu entwickeln. Beim ersten Ziel wäre es beispielsweise sinnvoll, erst einmal einen Überblick darüber zu bekommen, wo im Bad überall Plastikmüll anfällt. Beim zweiten könnten Sie erst einmal schauen, was Sie alles unverpackt im Supermarkt bekommen, in den Sie normalerweise einkaufen gehen und anschließend für einzelne Sachen eine Alternative suchen.

**Messbar:**
Bleiben wir beim ersten Beispiel „weniger Plastikmüll im Bad". Messbar ist das Ziel dadurch, dass Sie Ihren Plastikmüll zählen können, bevor Sie Ihr Vorhaben beginnen und so immer einen Überblick haben, wie viel weniger Müll im Bad schon anfällt. Noch besser wäre es allerdings, „weniger" noch genauer zu formulieren und etwa durch „keinen" oder „nur noch die Hälfte" zu ersetzen. So wissen Sie auch genau, wann Sie Ihr Ziel erreicht haben.

**Attraktiv:**
Das Ziel sollte Sie motivieren und einen gewissen Wert für Sie haben. Überlegen Sie sich also, warum Sie den Müll im Bad reduzieren wollen. Wenn Ihnen das Plastik im Bad egal ist, dann ist dieses zu reduzieren dementsprechend für Sie kein attraktives Ziel und Sie sollten mit etwas anderem anfangen.

**Realistisch:**
Das ist vielleicht eines der wichtigsten Kriterien für ein smartes Ziel. Manchmal neigen wir dazu, viel zu hohe Erwartungen an uns selbst zu haben. Deshalb sollten Sie Ihre Ziele immer dahingehend prüfen, ob sie für Sie realistisch sind. Wenn Ihr Ziel lautet, keinen Plastikmüll mehr im Bad zu verursachen, Sie dort aber Gegenstände aufbewahren, die Sie dringend benötigen (z. B. Tablettenblister) und für die es momentan noch keinen geeigneten Ersatz gibt, dann ist das Ziel erst einmal unrealistisch. In diesem Fall sollten Sie das Ziel anpassen. Das kann im Beispiel entweder dadurch geschehen, dass Sie sich erst einmal nur eine teilweise Müllvermeidung vornehmen oder dass Sie diese Gegenstände vorher gezielt als Ausnahmen festlegen.

**Terminiert:**
Auch das letzte Kriterium ist sehr wichtig. Nehmen wir an, Ihr Ziel lautet nun, nur noch halb so viel Plastikmüll im Bad zu verursachen. Das Ziel ist spezifisch auf einen Raum und eine Abfallart beschränkt. Es ist messbar, weil Sie vorher und nachher den anfallenden Müll zählen können und für Sie attraktiv, weil Sie der Plastikmüll im Bad am meisten stört. Außerdem halten Sie es für realistisch, weil Sie durch die etwas weniger radikale Formulierung Spielraum haben, bei welchen Produkten genau Sie anfangen.

Sie sind motiviert und haben auch den Müll schon gezählt. Der Plastikseifenspender wurde beim nächsten Einkauf durch ein festes Stück Seife ausgetauscht, weil er sowieso leer war und dann kommt Ihnen die Arbeit dazwischen oder Sie finden die plastikfreie Alternative für Ihr Shampoo nicht gleich. Sie schieben den nächsten Schritt auf und irgendwann das ganze Ziel.

Um das zu vermeiden, kann es hilfreich sein, das Ziel zu terminieren. Überlegen Sie sich vorher, bis wann Sie das Ziel erreicht haben wollen und setzen Sie sich eine Deadline. Haben Sie dabei im Hinterkopf, dass das Ziel realistisch bleiben muss. Wenn

Sie planen, Ihre in Plastik verpackten Produkte wie Shampoo und Seife noch aufzubrauchen, sollten Sie etwas mehr Zeit einplanen. Wenn Sie diese verschenken wollen, statt sie selbst leer zu machen, können Sie die Zeitspanne kürzer planen. Setzen Sie aber in jedem Fall ein Datum fest, an dem Sie dann auch kontrollieren, ob Sie Ihr Ziel erreicht haben. Dabei hilft Ihnen natürlich, dass Sie das Ziel von vornherein so formuliert haben, dass es messbar ist. Im Beispiel könnte das endgültige Ziel wie folgt lauten: „Ich will innerhalb von 4 Wochen, also bis zum XXX, den Plastikmüll im Bad um die Hälfte reduzieren."

Mit diesen fünf einfachen Kriterien können auch Sie es schaffen, sich smarte Ziele zu setzen, die Ihnen den Weg zum müllfreien Leben erheblich erleichtern können. Natürlich ist es möglich, sich mehrere Ziele auf einmal zu setzen. Sie müssen bloß aufpassen, dass alle Ziele realistisch bleiben. Wenn Sie sich zu viel auf einmal vornehmen, kommen Sie schnell an den Punkt, an dem eines vernachlässigt wird, weil Sie nicht genug Zeit für alle haben.

# Der Start ins müllfreie Leben

**M**ehrweg statt Einweg, Glas statt Plastik, Dosen mitbringen an der Frischetheke, Einkaufen im Unverpackt-Laden oder doch selbst herstellen? Für viele Produkte des täglichen Bedarfs gibt es recht einfache Alternativen, mit denen Sie Ihren Müll reduzieren können.

Wer hier komplett unstrukturiert vorgeht, kann aber schnell den Überblick verlieren. Im Folgenden erhalten Sie Tipps, wie Sie die drei großen Bereiche Badezimmer, Küche und Alltag angehen können. Außerdem finden Sie am Ende des Kapitels eine kleine

Challenge, die Ihnen helfen soll, Ihr müllfreies Leben zu starten.

## BADEZIMMER

Das Bad eignet sich in vielen Haushalten gut für den Anfang des Projektes Müllfreiheit. Die Müllquellen sind überschaubar und in den meisten Fällen finden sich sehr einfach Alternativen. Grob betrachtet, gibt es drei Bereiche im Bad, in denen Müll anfallen kann: Dusche, Kosmetik und Toilette. Bei Frauen kommen noch die Damenhygieneartikel dazu, bei Männern der Bereich Gesichtsrasur. Putzmittel, das manchmal in Bädern aufbewahrt wird, finden Sie unter dem Punkt „Alltag".

In den meisten Duschen stehen Shampoo und Duschgel in Plastikflaschen. Manchmal auch mehrere verschiedene oder noch eine Sprühflasche mit Rasierschaum, außerdem ein Rasierer für die Körperrasur. Das Duschgel kann einfach durch ein Stück feste Seife ersetzt werden. Diese hat genau den gleichen Effekt, ist besser portionierbar und auch hier können Sie Ihren Lieblingsduft auswählen. Feste Seife bekommt man häufig komplett unverpackt oder in einer kleinen Papierverpackung. Um Rückstände auf den Armaturen beim Trocknen der Seife zu vermeiden, kann ein Seifenmagnet helfen. Dieser besteht aus zwei Magneten, von denen einer mit einer kleinen gezackten Fläche ausgestattet ist, die in die Seife gedrückt werden kann. Der andere Teil hat meistens einen Saugknopf und kann damit an der Duschwand angebracht werden. Die Seife kann dann sehr gleichmäßig abtropfen und trocknen und hinterlässt keine schmierigen Rückstände. Achten Sie beim Kauf der Seife darauf, dass möglichst natürliche Inhaltsstoffe enthalten sind. Statt Rasierschaum kann Rasierseife verwendet werden. Bedenken Sie aber hier, dass weniger oft mehr ist, vor allem bei *Zero Waste*. Meistens reicht zum Rasieren auch eine normale Seife und Sie können sich ein Produkt komplett sparen.

Für Shampoo gibt es mehrere Alternativen. Am einfachsten ist es, auf festes Shampoo zurückzugreifen. Dieses sieht aus wie ein Stück Seife und besteht aus normalem Shampoo, dem das Wasser entzogen wurde. Diese Variante ist deshalb so leicht, weil es keine große Umstellung braucht. Sie nutzen weiter ganz normales Shampoo, der einzige Unterschied besteht darin, dass Sie es nicht mehr aus einer Flasche drücken, sondern wie normale Seife unter Wasser aufschäumen, in den Haaren verteilen und auswaschen. Eine weitere Option sind sogenannte Haarseifen. Diese haben normalerweise weniger Inhaltsstoffe als festes Shampoo und im Gegensatz zu herkömmlichen Seifen weniger Fette. Es kann aber eine Zeit lang dauern, bis sich die Haare an den Einsatz der Seife gewöhnt haben und das Ergebnis ähnlich wie bei einem normalen Shampoo ist. Wer es ganz radikal mag, kann auch komplett auf Shampoo verzichten. In Nachhaltigkeitskreisen wird diese Lösung auch *NoPoo* genannt. Auch hier kann es sein, dass die Umstellung etwas dauert. Fangen Sie einfach damit an, sich die Haare nur noch jedes zweite Mal mit Shampoo zu waschen und schauen Sie, wie Ihr Haar reagiert. Oder probieren Sie es zuerst mit einem selbstgemachten Shampoo aus Roggenmehl.

Zur Rasur benutzen viele Menschen Rasierer aus Plastik mit wechselbaren Klingen. Auch wenn diese schon viel besser sind als beispielsweise Einwegrasierer, fällt hier immer noch Müll an, weil regelmäßig die Klinge gewechselt werden muss. Und diese besteht häufig zu Teilen aus Plastik oder anderen Kunststoffen. Neben der Möglichkeit sich einfach nicht mehr zu rasieren, ist die müllärmste Option ein Rasierhobel. Dieser besteht normalerweise aus Metall oder aus einem Holzgriff mit metallenem Aufsatz. Der Rasierhobel funktioniert mit einer einzigen Rasierklinge, die einfach in den Hobel eingelegt wird. Der Einsatz hat viele Vorteile: Zum einen sind die Klingen für den Rasierhobel wesentlich günstiger und halten länger und zum anderen ist der Hobel komplett plastikfrei.

Bei der ersten Anwendung sollten Sie ein wenig vorsichtig sein, um herauszufinden, in welchem Winkel Sie den Hobel am besten auf der Haut aufsetzen. Die Verwendung ist aber durch den meist abgerundeten Rasieraufsatz sehr intuitiv und entgegen einiger Berichte im Internet ist die Verletzungsgefahr bei richtiger Benutzung nicht höher als bei jedem anderen Rasierer. Beim Thema Rasur gibt es natürlich nicht nur den Bereich der Körperrasur, sondern auch den der Gesichtsrasur bei Männern. Bei der Nassrasur kann ebenfalls ein Stück Rasierseife statt des Rasierschaums aus der Dose zum Einsatz kommen. Wer einen elektrischen Rasierer benutzt, sollte sich die Frage stellen, ob es zwingend ein akkubetriebener sein muss. Kaputte Akkus landen nicht nur im Müll, sondern müssen im Sondermüll entsorgt werden. Ein elektrischer Rasierer mit Kabel verursacht also allein dadurch schon weniger Elektroschrott. Zudem gibt es zu vielen Elektrorasierern mittlerweile strombetriebene Reinigungsstationen, die vollautomatisch kleine Barthärchen aus dem Gerät entfernen. Die Reinigung ist wichtig, um die Lebensdauer des Rasierers zu verlängern, aber gerade bei den automatischen Stationen fällt einiges an Müll an, da regelmäßig Reinigungsflüssigkeit nachgefüllt werden muss. Diese gibt es oft in zwar praktischen kleinen Nachfüllpäckchen, verursacht dadurch aber einiges an Müll. Eigentlich ist die Säuberung des Rasierers aber so simpel, dass die Reinigungsstation reiner Luxus ist. Stattdessen können Sie den Rasierer einfach öffnen und mit der mitgelieferten Bürste oder einem Pinsel die Stoppeln von Hand entfernen.

Kosmetik und Pflegeprodukte sind ein sehr großes Thema. Im Folgenden werde ich Ihnen Tipps für die gängigsten Produkte geben. Wenn Sie nach Alternativen für spezielle Produkte suchen, finden Sie im Internet eine große Auswahl an Blogs, die dabei helfen können. Generell gilt, dass gerade bei Kosmetik vieles selbstgemacht oder schlicht darauf verzichtet werden kann. Beispiele für Selbstgemachtes wären Deo oder wiederverwendbare Wattepads, Verzicht bezieht sich auf die Unmengen an speziellen Cremes, Lotions etc. Bevor Sie deshalb versuchen, jedes Ihrer möglicherweise zahlreichen Pflegeprodukte zu ersetzen, sollten Sie sich überlegen, ob Sie wirklich alles davon brauchen. Beispielsweise reicht für die Pflege der Haut oft eine einzige Creme. Auch muss nicht in allen Fällen eine extra Lotion für Körper und eine für Gesicht her. Wenn Sie nicht gerade sehr empfindliche Haut haben, dann probieren Sie doch einfach mal, die Feuchtigkeitsbodylotion auch für die Pflege der Gesichtshaut zu nutzen.

Wer nicht gleich alles selbst machen will, sollte auf möglichst langlebige Produkte zurückgreifen. Ein festes Stück Seife hält in der Regel länger als eine Flasche mit Flüssigseife. Gleiches gilt für Deosprays. Eine gute Alternative zu den Sprühdosen ist Deocreme. Diese hält viel länger und ist dabei kleiner, benötigt also weniger Verpackungsmaterial. Außerdem verstecken sich in der täglichen Pflegeroutine viele unnötige Einmalprodukte wie Wattepads,

Kosmetiktücher, Wattestäbchen etc. Abschmink-pads kann man entweder aus Baumwollresten einfach selbst nähen oder waschbare aus Bambus kaufen. Statt der Kosmetiktücher reicht oft einfach ein Waschlappen und Seife. Es gibt sogar wiederverwendbare Q-Tips. Auch beim Zähneputzen kann man auf viel Plastik und Müll verzichten. Probieren Sie doch mal eine Bambus- oder Holzzahnbürste aus und Zahnputztabs. Oder testen Sie eines der vielen Rezepte für selbstgemachte Zahnpasta aus dem Internet.

Der einzige Müll, der normalerweise auf der Toilette anfällt, ist das Toilettenpapier. Auch hier gilt erst einmal zu schauen, wie viel man tatsächlich pro Toilettengang braucht. Wer gleich ganz darauf verzichten will, kann sich eine sogenannte Podusche zulegen. Diese besteht aus einer kleinen Flasche mit einem Sprühaufsatz. Mit Wasser befüllt, kann man sich so einfach saubersprietzen und anschließend mit einem normalen Handtuch abtrocknen.

Der letzte Punkt, den ich im Badezimmer ansprechen möchte, betrifft die Leser*innen dieses Buches, die regelmäßig mit ihrer Menstruation zu tun haben. Tampons, Binden, Slipeinlagen, alle diese

Produkte machen unglaublich viel Müll, sind aber trotzdem notwendig, oder? Nein - denn alle diese Produkte können durch wiederverwendbare, waschbare Alternativen ersetzt werden. Immer populärer in der Damenhygiene wird die Menstruationstasse. Der kleine Silikonbecher wird wie ein Tampon benutzt, kann aber einfach ausgeleert, ausgewaschen und mehrere Jahre benutzt werden. Wichtig ist allerdings, die Tasse vor jeder Periode abzukochen, um Keimbildung zu verhindern. Das richtige Einsetzen kann etwas Übung brauchen, dann aber ist die Tasse eine nachhaltige, müllfreie und einfache Sache. Wenn Sie zusätzlich Binden oder Slipeinlagen benutzen möchten oder müssen, können Sie sich über Periodenunterwäsche informieren. Die waschbaren Slips können Menstruationsblut oder Ausfluss genauso aufnehmen wie Binden, lassen sich aber wiederverwenden. Wichtig ist darauf zu achten, womit die Unterwäsche gegebenenfalls beschichtet ist. Je nach verwendeter Substanz kann der Gebrauch zu Hautreizungen führen. Auch hier finden Sie Tipps und Kaufempfehlungen im Internet.

# KÜCHE

Wie im Badezimmer, so gibt es auch in der Küche einiges an Möglichkeiten, um den Alltag müllfrei zu gestalten. Der größte Posten an Müll entsteht sicher beim Einkauf von Lebensmitteln. Teilweise sind Produkte sogar in mehrere Schichten Plastik eingepackt. Hier besteht also viel Einsparungspotential. Wie immer sollten Sie sich zuerst überlegen, was Sie wirklich brauchen, worauf Sie ganz verzichten und was Sie reduzieren können (ganz gemäß der 5 R). Das fängt bei Fertigprodukten an und hört bei Süßigkeiten oder Gewürzen auf. Gerade im Gewürzregal stehen oft viel mehr Döschen und Packungen, als Sie im Alltag benutzen. Für ein spezielles Rezept haben Sie vielleicht einmal Zitronengras gekauft, verwenden dieses Gewürz im normalen Alltag jedoch wenig bis gar nicht. Wenn Sie das nächste Mal ein besonderes Gewürz benötigen, kann es sich lohnen, erst bei Nachbarn oder Freunden nachzufragen und es sich einfach auszuleihen. Das gilt für alle Zutaten, die Sie nur in geringer Menge und auch nur sehr selten benötigen.

Wenn Sie sich einen Überblick über die Müllquellen in der Küche gemacht haben, stehen Sie vor dem nächsten Einkauf wahrscheinlich vor einer großen Herausforderung. Denn den gesamten Müll in der Küche zu vermeiden, kann erst einmal unmöglich wirken. Hier lohnt es sich, immer eine Einkaufsliste zu schreiben und zuerst in Ihrem gewöhnlichen Lebensmittelgeschäft die Lage zu sondieren. Welche Lebensmittel, die Sie normalerweise kaufen, gibt es hier unverpackt? Lernen Sie nach und nach das Sortiment kennen. Dann haben Sie wahrscheinlich einen großen Teil an Lebensmitteln schon durch verpackungsfreie Produkte ersetzt, ohne in einem Unverpackt-Laden einkaufen zu gehen. Vor allem Obst und Gemüse gibt es normalerweise auch lose zu kaufen. Eine ordentlich geführte Einkaufsliste hilft außerdem, Spontankäufe zu reduzieren und den Überblick darüber zu behalten, was man wirklich braucht. Damit Sie statt der Verpackung nicht zu einer Plastiktüte greifen müssen, können Sie Obstnetze benutzen. Die kann man aus alten Gardinen ganz einfach selbst nähen oder in vielen Obst- und Gemüseabteilungen direkt mit den Nahrungsmitteln kaufen.

Der Anteil verpackter Lebensmittel in Ihrem Einkaufsplan dürfte jetzt schon geschrumpft sein.

Der nächste Schritt kann darin bestehen, dass Sie überlegen, welche abgepackten Produkte wie Soßen, Milch oder Brotaufstriche Sie in einer nachhaltigeren Verpackung bekommen. Getränke sollten Sie generell in Mehrwegflaschen kaufen, aber auch Joghurt, Milch oder Sahne gibt es teilweise in Pfandgläsern. An der Frischetheke ist es oft möglich, sich Fleisch oder Käse in mitgebrachte Dosen packen zu lassen und in der Bäckerei packen Ihnen die Verkäufer*innen die Backwaren gerne in mitgebrachte Brotbeutel. Fragen Sie einfach nach, wenn Sie sich nicht sicher sind, ob das in Ihrer Bäckerei oder Metzgerei möglich ist.

Prüfen Sie erneut Ihre Einkaufsliste. Alle frischen Lebensmittel, die Sie in den Geschäften, die Sie normalerweise besuchen, unverpackt bekommen, sollten Sie jetzt kennen. Manches haben Sie vielleicht nicht gefunden. Überlegen Sie, wie wichtig das Lebensmittel für Sie ist. Auf Süßigkeiten oder andere ungesunde Lebensmittel können Sie gerne Schritt für Schritt verzichten. Wenn Sie sich dafür entscheiden, das Produkt weiterhin zu kaufen, kann eine Anlaufstelle ein Unverpackt-Laden sein. Solche gibt es mittlerweile in vielen Städten und sie folgen einem einfachen Prinzip: Alles in diesen Geschäften kann ohne unnötige Verpackung gekauft werden. Das bedeutet, dass Lebensmittel wie Obst, Gemüse, Nudeln, Reis oder Kaffee in mitgebrachte Behälter gefüllt werden können und Produkte wie Brotaufstriche, Deocreme oder Honig möglichst ökologisch verpackt sind. In einem guten Unverpackt-Laden werden Sie kein unnötiges Plastik oder Papier finden. Die Ware kommt hier zwar transportbedingt teilweise verpackt an, dann aber in möglichst großen Mengen oder Pfandbehältern. Auf Bea Johnsons Webseite *www.zerowastehome.com* finden Sie den *Bulk Finder*. In dieser praktischen Anwendung sind Unverpackt-Läden und Läden gelistet, in denen man hauptsächlich verpackungsfrei kaufen kann.

Geben Sie einfach Ihren Wohnort in die Suche ein und schon wissen Sie, welche Möglichkeiten es in Ihrer Nähe gibt. Allerdings gibt es nicht immer einen Unverpackt-Laden in der Nähe. Dann können Sie Ihr Glück erst einmal in kleineren Bio- oder Hofläden probieren. Oder Sie testen den Unverpackt-Versand (www.unverpackt-versand.de). Dieser Online-Shop versendet unverpackte Ware in Pfandbehältern. Damit ist sogar der Transport verpackungsfrei, denn die Versandkiste kann einfach wieder an den Händler zurückgeschickt werden. An diesem Beispiel wird jedoch deutlich, dass jede Alternative auf ihre Vor- und Nachteile geprüft werden muss. Auf der einen Seite ist es durch den Versand möglich, unverpackte Ware direkt nach Hause geliefert zu bekommen. Eine sehr gute Sache, wenn es keinen Unverpackt-Laden in der Nähe gibt. Auf der anderen Seite ist das Versenden von Waren immer mit Emissionen verbunden, sollte also ökologisch gesehen nicht die erste Wahl sein. Hier muss jeder für sich selbst abwägen, was ihm wichtiger ist.

Jetzt werden Sie vielleicht feststellen, dass in Ihrer Küche immer noch Verpackungsmüll anfällt. Dieser wird wahrscheinlich durch Fertiggerichte wie Tiefkühlpizza oder Dosensuppen verursacht. Wie so oft gilt es auch hier, den eigenen Konsum zu hinterfragen und zu schauen, was Sie wirklich fertig kaufen müssen und was Sie selbst machen können oder einfach gar nicht brauchen. Hier spielt sicher auch eine Rolle, wie viel Zeit Sie im Alltag haben. Gerade, wenn Sie vorher nicht der größte Hobbykoch waren, kann Zeitmangel das Selbstkochen erschweren. Sie könnten aber einfach am Wochenende anfangen, neue Rezepte auszuprobieren und z. B. Linsensuppe selbst kochen. Bei vielen Gerichten werden Sie feststellen, dass das Selbstmachen gar nicht so schwer ist. Und gerade Suppen kann man gut in größeren Mengen vorkochen und dann portionsweise einfrieren. So spart man sich an stressigen Tagen Zeit und Müll. Weniger Fertiggerichte zu essen, ist zudem gesünder und Sie sparen sich viele unnötige Zusatzstoffe.

Zwei kleine Tipps habe ich noch für Sie. Der erste Tipp betrifft das Backen. Fast kein Gebäck kommt ohne den Einsatz von Backpapier aus. Statt des dünnen Papiers, das meist nach einmaliger Benutzung weggeschmissen wird, können Sie eine Dauerbackmatte verwenden. Diese kann nach dem Backen einfach abgewaschen und wiederverwendet werden. Noch einfacher: Probieren Sie es mal ganz ohne Backpapier. Fetten Sie das Blech etwas ein und spülen Sie es nach dem Backen ordentlich ab. Beim zweiten Tipp geht es um den Einsatz von Alufolie und Frischhaltefolie. Das macht viel Müll bei oft nur sehr kurzer Benutzung. Das kann man auf verschiedene Arten vermeiden. Entweder Sie füllen Reste ganz einfach in eine verschließbare Schüssel oder

Dose um oder Sie testen mal Bienenwachstücher. Die Tücher lassen sich genau wie Folien über offene Schüsseln legen und damit verschließen. Nach der Benutzung können sie mit lauwarmem Wasser abgewaschen und erneut benutzt werden. Auch Wachstücher kann man relativ leicht selbst aus Stoffresten und einer Wachsmischung herstellen.

## ALLTAG

In diesen letzten Block fällt alles, was im Alltag sonst noch an Müll produziert wird und noch nicht vom Bereich Küche oder Bad abgedeckt wurde. Auch diese Darstellung ist allenfalls eine Zusammenfassung, aber keine allumfassende Auflistung. Sicher gibt es im ein oder anderen Alltag noch Bereiche, z. B. Hobbys, in denen man Müll reduzieren kann oder eines der hier angesprochenen Themen ist für Sie gar nicht relevant.

Wie im Kapitel *Badezimmer* angekündigt, widme ich mich in diesem Teil dem Thema Putzen. Je nachdem wie man putzt, fällt unterschiedlich viel Müll an. In jedem Fall sollten für das Reinigen der Wohnung wiederverwendbare Stofflappen oder

Tücher verwendet werden. Feucht- oder Allzweck-
tücher aus der Packung scheinen zwar Arbeit zu sparen, der Nutzen kann aber den anfallenden Müllhau-
fen sicher nicht aufwiegen. Die wenigen Handgriffe,
die es braucht, um mit einem nassen Lappen und
Seife etwas abzuwischen, stellen einen vernachläs-
sigbaren Mehraufwand dar. In vielen Haushalten
gibt es ganze Schränke voll mit verschiedenen Putz-
mitteln. Für jedes Zimmer, jede Oberfläche, teilweise
sogar für verschiedene Schmutzarten gibt es einen
speziellen Reiniger. Viele Menschen würden sicher
staunen, was man alles mit einfachen Hausmitteln
wie Essig, Kernseife und Natron sauber kriegt.

Bevor Sie allerdings anfangen, mit Rezepten
zum Selbermachen von Reinigern zu experimentie-
ren, sollten Sie erst einmal Ihren Vorrat sondieren,
aufbrauchen, was aufzubrauchen ist und verschenken, was Sie nicht mehr brauchen (z. B. den Spezial-
holzreiniger, den Sie mal für ein bestimmtes Möbel-
stück gekauft haben, das Sie mittlerweile gar nicht
mehr besitzen). Nicht nur zum Putzen gibt es müllfreie Alternativmöglichkeiten, auch das Wäschewa-
schen bietet Einsparungspotential. Probieren Sie es
doch mal mit einer Waschkugel. Diese hat den

gleichen Effekt auf Wasser wie Seife: Sie macht das Wasser z. B. durch enthaltene Keramik basisch. Dadurch lässt sich Schmutz gut entfernen, gröbere Verschmutzungen müssen Sie eventuell vorbehandeln. Diese Methode hat gleich zwei Vorteile: Sie sparen Müll und auf lange Sicht gesehen auch Geld. Denn die Kugel kann immer wieder verwendet werden und spart Ihnen den regelmäßigen Kauf von neuem Waschmittel. Oder Sie testen, wie auch bei Reinigungsmitteln, ein Rezept, mit dem Sie Waschmittel selbst herstellen können.

Sogar Ihr Arbeitsplatz hat Müllvermeidungspotential. Das fängt schon bei dem Stift an, mit dem Sie sich Notizen machen. Wer kennt nicht die Berge an Werbekugelschreibern, die man zu Hause rumliegen hat und in seinem ganzen Leben wahrscheinlich nicht aufbrauchen kann. Und was passiert, wenn doch mal einer leer ist? Er wandert in den Müll. Dabei gibt es für viele Stifte Nachfüllminen oder Sie nutzen gleich einen Bleistift. Der Rest, der hier übrigbleibt, ist erstens sehr viel kleiner als die Kunststoffhülle anderer Stifte und er kann normalerweise biologisch abgebaut werden. Ein weiterer Punkt, den Sie sich ansehen können, ist Ihr

Papierverbrauch. Wenn Sie einen Drucker zu Hause stehen haben, sollten Sie zwei Dinge in den Blick nehmen. Zum einen das verwendete Papier. Steigen Sie auf Recyclingpapier um und drucken Sie möglichst doppelseitig. So sparen Sie wichtige Ressourcen. Zum anderen sollten Sie sich immer überlegen, was Sie tatsächlich ausdrucken müssen. Alles, was gar nicht erst gedruckt wird, spart mehr Papier als jede noch so platzsparende Formatierung. Wenn Sie sich einen neuen Drucker anschaffen, dann informieren Sie sich doch mal über Modelle, bei denen man die Tinte direkt in den Drucker einfüllen kann. Das spart Kosten und Material.

Mittagspause auf der Arbeit: Gibt es bei Ihnen eine Cafeteria oder holen Sie sich schnell etwas aus der Bäckerei gegenüber? Am besten kontrollieren, wie viel Müll Sie in einer Mittagspause produzieren, können Sie, wenn Sie sich Ihr Essen selbst mitbringen. Bereiten Sie sich das Lunchpaket ruhig am Abend vor, das spart am Morgen Zeit und Hektik. Eingepackt in eine wiederverwendbare Dose ist Ihr Mittagessen direkt müllfrei(er). Auch eine eigene Trinkflasche lohnt sich. Die kann fast überall kostenlos mit Leitungswasser gefüllt werden. Wenn Sie sich das Mittagessen doch mal im Café oder Imbiss gegenüber holen, bringen Sie sich entweder eine Dose zum Einpacken selbst mit oder nehmen Sie sich gleich die Zeit und setzen sich in den Laden. Dort können Sie dann ganz entspannt und ohne To-Go-Verpackung Ihr Mittagsbrötchen genießen. Für den Kaffee zum Mitnehmen können Sie sich einen eigenen Mehrwegbecher zulegen. Der hält den Kaffee oder Tee meistens auch länger warm. Und wenn es im Sommer zum Nachtisch noch ein Eis von der Eisdiele nebenan sein soll, verzichten Sie auf den Papp- oder Plastikbecher und bestellen Sie es in der Waffel. Eine freundliche Bitte reicht meist aus, um zusätzlich die Papierserviette um die Waffel zu vermeiden.

Hobbies und Freizeit bergen ebenfalls teilweise versteckte Müllquellen. Denn nicht nur bei Ihnen zu Hause fällt Müll an, sondern auch bei der Produktion neuer Ware. Deshalb sollten Sie sich vor jedem Neukauf folgende Fragen stellen:

### Brauchen Sie das Produkt wirklich?

Manchmal kaufen wir Dinge aus einer Laune heraus, wissen aber schon nach kurzer Zeit nichts mehr mit Ihnen anzufangen. Da kann es hilfreich sein, den Kauf einige Zeit aufzuschieben und sich dann nochmal zu überlegen, ob er wirklich notwendig ist.

**Können Sie sich den Gegenstand leihen?**

Gerade Gegenstände, die man nur selten braucht wie z. B. Werkzeug, kann man sich oft von Freunden, der Familie oder Nachbarn leihen, anstatt sie gleich selbst zu kaufen. Das ist übrigens auch eine gute Idee für Bücher, Spiele oder Filme, bei denen Sie nicht sicher sind, ob sie Ihnen wirklich gefallen. Leihen Sie sie aus, testen Sie sie und entscheiden dann, ob Sie etwas davon nochmal selbst kaufen. Ein Prinzip, nach dem Bibliotheken seit Jahrhunderten funktionieren.

**Können Sie das Objekt gebraucht kaufen?**

Wenn Sie etwas wirklich brauchen, es aber nicht ausleihen können, sollten Sie vor einem kompletten Neukauf schauen, ob Sie es gebraucht bekommen. Das spart die Ressourcen, Energie und den Müll einer Neuproduktion und vermeidet, dass Dinge weggeschmissen werden, obwohl Sie noch funktionieren. Es gibt eigentlich wenige Dinge, die Sie nicht gebraucht kaufen können. Als Bonus ist das auch noch billiger, als etwas Neues anzuschaffen.

Und dann gibt es noch jede Menge Kleinigkeiten: Videospiele oder Filme können Sie online kaufen und vermeiden so den Kauf einer DVD. Bücher gibt es oft als eBooks, genauso wie viele Zeitungen und Magazine auch als ePaper erscheinen. Computermäuse mit Akku an einem festinstallierten Computer können durch eine kabelverbundene Maus ersetzt werden. Damit spart man sich, wie beim Elektrorasierer, den Sondermüll, der entsteht, wenn der Akku nicht mehr funktioniert. Statt Papiertaschentücher können Sie auch waschbare aus Stoff verwenden. Kleidung können Sie in Second-Hand-Läden oder auf Flohmarkt-Webseiten kaufen. Oder Sie veranstalten eine Tauschparty. Laden Sie Ihre Freunde ein, jeder bringt Kleidung mit, die sie oder er nicht mehr trägt und kann sich aus den mitgebrachten Teilen aussuchen, was ihr oder ihm gefällt. Das funktioniert übrigens auch bei anderen Gegenständen. Wie wäre es mit einer Bücher-Tauschparty? Die Möglichkeiten sind schier endlos. Umso wichtiger die vorhin erwähnte Zielsetzung, damit Sie den Überblick nicht verlieren.

Zu guter Letzt: Auch bei der größten Anstrengung gibt es immer mal wieder Dinge im Haus, die man eigentlich wegschmeißen würde. Nicht immer ist das aber nötig. Wenn die Gegenstände nicht kaputt sind, kann man sie spenden, auf einem Flohmarkt verkaufen oder verschenken. Wegwerfen sollte wirklich immer die letzte Option sein. Wenn Sie diese Option aber tatsächlich mal nutzen müssen, dann sollten Sie wenigstens auf eine ordentliche Mülltrennung achten. Denn so helfen Sie dabei, dass der Müll ordentlich verwertet und recycelt werden kann.

## ZERO-WASTE-CHALLENGE

Wenn Sie es bis hier her geschafft haben, sind Sie jetzt entweder erschlagen von Informationen oder aber hochmotiviert anzufangen. Im ersten Fall empfehle ich Ihnen, das Buch erst einmal zur Seite zu legen und das bisher Gelesene sacken zu lassen. Nach ein paar Tagen Pause wird sich die Fülle an Tipps, Ratschlägen und Informationen etwas geordnet haben und Sie sind hoffentlich motiviert genug, um mit der Müllreduktion zu beginnen.

In dem Fall, dass Sie gleich starten wollen (oder nach der Pause das Buch wieder aufgeschlagen haben), finden Sie hier eine 21-Tage-Challenge, die Ihnen den Einstieg in das Zero-Waste-Leben erleichtern soll. Sie können entweder streng nach dem Plan vorgehen oder Sie passen ihn an Ihr Leben und Ihre Ziele an. Bei *Zero Waste* geht es schließlich nicht darum, alles perfekt zu machen, sondern darum, so wenig Müll wie möglich zu produzieren. Es gibt hier, abgesehen von den 5 R, kein strenges System. Das Einzige, was Sie tun müssen, um von sich behaupten zu können, den Zero-Waste-Lifestyle zu leben, ist anfangen. Und das können Sie einfach alleine oder eben mit dieser Challenge. Sollten Ihnen die 21 Tage zu lang sein, können Sie auf 14 Tage verkürzen.

- Tag 1: Suchen Sie sich ein Zimmer aus, mit dem Sie anfangen möchten. Nehmen Sie das, was Sie am meisten anspricht oder das, was Sie am meisten herausfordert. Es kommt hier auch darauf an, was Sie für ein Typ sind und woran Sie mehr Spaß haben.

- Tag 2: Machen Sie im gewählten Zimmer eine Bestandsaufnahme. Listen Sie alles auf, was in dem ausgewählten Zimmer an Müll anfällt. Seien Sie hier ehrlich mit sich. Es nützt Ihnen nichts, wenn Sie Dinge weglassen, weil sie Ihnen vielleicht peinlich sind.

- Tag 3: Markieren Sie in Ihrer Liste die Dinge, die Sie noch aufbrauchen möchten.

- Tag 4: Sortieren Sie Dinge im ausgewählten Zimmer aus, die Sie eigentlich gar nicht brauchen.

- Tag 5: Überprüfen Sie den Stapel aussortierter Gegenstände und entscheiden Sie, was mit den Dingen passieren soll. Was können Sie verschenken? Was verkaufen? Im Idealfall ist der Haufen mit Dingen, die verschenkt oder verkauft werden können, größer als der Haufen, den Sie wegwerfen müssen.

- Tag 6: Schreiben Sie sich für den nächsten Einkauf eine Einkaufsliste.

- Tag 7: Setzen Sie sich für das gewählte Zimmer ein Ziel, das Sie innerhalb von sieben Tagen erreichen können. Lesen Sie sich hierzu nochmal die Tipps zur smarten Zielsetzung im Kapitel Bevor Sie starten durch.

- Tag 8: Machen Sie etwas selbst. Ob Sie Ihre alten Gardinen zu Obstbeuteln verarbeiten, Brot backen oder Roggenmehl-Shampoo testen, ist hierbei völlig egal. Sie können z. B. schauen, was für das Zimmer, das Sie sich ausgesucht haben, praktisch wäre.

- Tag 9: Kaufen Sie beim nächsten Einkauf nur unverpacktes Obst. Notieren Sie, was Sie in Ihrem gewöhnlichen Lebensmittelladen unverpackt bekommen. Selbstverständlich kann dieser Punkt auch auf einen anderen Tag verschoben werden, wenn Sie heute nicht einkaufen müssen.
- Tag 10: Machen Sie eine Pause und sehen Sie sich an, was sich schon alles verbessert hat.
- Tag 11: Leihen Sie sich etwas aus. Ein Buch, ein Spiel, einen Hammer, um das Bild im Wohnzimmer endlich aufzuhängen, oder was auch immer Sie gerade gebrauchen können.
- Tag 12: Nutzen Sie ein alternatives Reinigungsmittel zum Putzen. Hier gilt das Gleiche wie beim Einkauf. Wenn Sie gerade erst geputzt haben, können Sie den Punkt auf einen anderen Tag verschieben oder Sie testen das Putzmittel einfach nur auf einer kleinen Fläche.
- Tag 13: Überprüfen Sie den Fortschritt Ihres Ziels von Tag 7.
- Tag 14: Sie haben Ihr Ziel erreicht? Super!

Reflektieren Sie: Was hat gut funktioniert? Wo besteht Ver besserungspotential? Sollten Sie Ihr Ziel nicht erreicht haben, ist ebenfalls angebracht zu reflektieren. Woran hat es gelegen? War das Ziel zu allgemein oder zu groß? Formulieren Sie das Ziel neu für die nächsten sieben Tage oder setzen Sie sich ein neues, falls Sie erfolgreich waren.

- Tag 15: Kaufen Sie beim nächsten Einkauf nur unverpacktes Gemüse. Ergänzen Sie die Liste, die Sie für das Obst angelegt haben mit den Gemüsesorten, die Sie in Ihrem Lebensmittelladen unverpackt kaufen können.

- Tag 16: Sehen Sie sich die Liste der Produkte an, die Sie im gewählten Zimmer als aufzubrauchen markiert haben und überlegen Sie sich für eines davon, welche Alternative Sie sich zulegen, sobald es leer ist oder ob Sie es dann gar nicht mehr kaufen.

- Tag 17: Informieren Sie sich, ob es in Ihrer Nähe einen Unverpackt-Laden gibt.

- Tag 18: Trinken Sie einen Tag lang nur Leitungswasser.

- Tag 19: Reparieren Sie etwas. Nähen Sie z. B. das

Loch in Ihrer Lieblingsjeans. Bei Ihnen gibt es nichts zu reparieren? Machen Sie einfach einen Tag Pause oder suchen Sie sich eine andere Kleinigkeit, die Sie erledigen können.

- Tag 20: Überprüfen Sie den Fortschritt Ihres Ziels von Tag 14.
- Tag 21: Sie haben Ihr Ziel erreicht? Sehr gut! Reflektieren Sie und setzen Sie sich ein neues Ziel. Sollte es erneut nicht geklappt haben, formulieren Sie das Ziel noch einfacher oder probieren Sie es mit einem anderen. Außerdem haben Sie den letzten Tag der Challenge erreicht. Herzlichen Glückwunsch!

Wenn Sie die Challenge geschafft haben, gönnen Sie sich ruhig ein paar Tage Pause und sehen sich in der Zeit ganz in Ruhe an, was Sie innerhalb der 21 Tage alles geschafft haben. Ihnen werden sicher einige Veränderungen in Ihrem Alltag auffallen. Vielleicht sind Sie auch aufmerksamer geworden, was das Müllaufkommen bei Ihrem täglichen Konsum betrifft. In jedem Fall können Sie auf das Erreichte stolz sein, egal wie wenig oder viel es Ihnen erscheinen mag.

Sie können die Challenge natürlich beliebig erweitern oder sie auch nach einer gewissen Zeit oder für ein anderes Zimmer wiederholen. Vielleicht möchten Sie auch noch eine Zeit lang die wöchentliche Zielsetzung weiterführen. Das ist in jedem Fall ein gutes Hilfsmittel, um schneller sichtbare Ergebnisse zu erzielen.

# Null Müll – Null Stress

Gerade, wenn Sie die 21-Tage-Challenge ausprobiert haben, haben Sie hoffentlich gemerkt, dass *Zero Waste* kein Stress sein muss. Im Gegenteil: Wenn Sie den Lebensstil eine Zeit lang praktizieren, werden Sie merken, dass er Stress sogar reduzieren kann. Vor allem dann, wenn Sie Strukturen wie das regelmäßige Schreiben einer Einkaufsliste in Ihrem Alltag etablieren.

Außerdem werden Sie feststellen, dass Sie Stück für Stück nicht nur Müll reduzieren, sondern auch die Anzahl an Gegenständen, die Sie zu Hause haben.

Das schafft nicht nur Platz in der Wohnung, sondern auch Raum für neue Ideen.

Vielleicht haben Sie schon ein wenig im Internet gestöbert und festgestellt, dass *Zero Waste* viele Gesichter hat. Jeder macht gewisse Dinge ein wenig anders. Für den einen funktioniert eine möglichst radikale Umstellung, der andere braucht eine schrittweise Veränderung. Machen Sie es so, wie es für Sie funktioniert. Lassen Sie sich nicht von irgendwelchen Vorgaben abschrecken, sondern testen Sie aus. Nicht jedes hochgelobte Alternativprodukt funktioniert für jeden gleich gut. Wenn das der Fall ist, sollten Sie nicht auf Teufel komm raus versuchen, etwas passend zu machen, das einfach nicht passt. Probieren Sie lieber etwas anderes und finden Sie nach und nach die Produkte und die Vorgehensweise, mit der Sie am besten Ihren Müll reduzieren können. Manchmal hilft es auch, etwas Zeit vergehen zu lassen und sich dann der Sache erneut anzunehmen. Nicht alles muss beim ersten Mal problemlos funktionieren.

Nehmen Sie gerne das Buch immer wieder zur Hand, wenn Sie sich einem neuen Bereich Ihres Lebens widmen möchten, um sich erste Anregungen und Ideen zu holen. Wie an einigen Stellen schon erwähnt, sind die Ausführungen in den einzelnen Kapiteln keine vollständigen Darstellungen, sondern dienen Ihnen zur Inspiration und um überhaupt einen Anfang im Dschungel der Möglichkeiten zu finden. Sehen Sie die Tipps nicht als starre Vorgaben, sondern nutzen Sie das, was Sie anspricht und was Sie sich für Ihr Leben vorstellen können.

Sie sehen also, dass Sie trotz der teilweise detaillierten Ausführungen in diesem Buch viel Spielraum haben, Ihr Leben individuell müllfreier zu gestalten. Und wer weiß? Wenn Sie sich an die einfachen Basics halten, passt Ihr Müll vielleicht irgendwann auch in ein Einmachglas.

# Anhang

**Zero Waste Definition der Zero Waste International Alliance:**
„Zero Waste: The conservation of all resources by means of responsible production, consumption, reuse, and recovery of products, packaging, and materials without burning and with no discharges to land, water, or air that threaten the environment or human health."
(http://zwia.org/zero-waste-definition/)

**BUND Einkaufsratgeber:**
https://www.bund.net/fileadmin/user_upload_bund/publikationen/meere/meere_mikroplastik_einkaufsfuehrer.pdf

# Quellenverzeichnis

**Bundesministerium der Justiz und
Verbraucherschutz:**

- Verordnung über das Europäische Abfallverzeichnis (Abfallverzeichnis-Verordnung –
  AVV), Ausfertigungsdatum: 10.12.2001
- Gesetz zur Förderung der Kreislaufwirtschaft und Sicherung der umweltverträgli-
  chen Bewirtschaftung von Abfällen (Kreislaufwirtschaftsgesetz – KrWG), Ausfertigungsdatum: 24.02.2012

**Bundeszentrale für politische Bildung:**

- https://www.bpb.de/apuz/281497/was-
  passiert-mit-unserem-muell

**Bundesministerium für Umwelt, Naturschutz und nukleare Sicherheit:**

- https://www.bmu.de/themen/wasser-abfall-boden/abfallwirtschaft/abfallarten-abfallstroeme/
- https://www.bmu.de/gesetz/verordnung-ueber-das-europaeische-abfallverzeichnis/

**Statistisches Bundesamt:**

- Statistisches Bundesamt (Hrsg.): Statistisches Jahrbuch 2019: Deutschland und Internationales, Kapitel 18
- https://www.destatis.de/DE/Themen/Gesellschaft-Umwelt/Umwelt/Abfallwirtschaft/Tabellen/liste-abfallbilanz-kurzuebersicht.html
- https://www.destatis.de/DE/Themen/Gesellschaft-Umwelt/Umwelt/Abfallwirtschaft/Tabellen/liste-abfallbilanz-kurzuebersicht.html
- https://www.destatis.de/DE/Themen/Gesellschaft-Umwelt/Umwelt/Abfallwirtschaft/_inhalt.html

**Umweltbundesamt:**

- https://www.umweltbundesamt.de/daten/ressourcen-abfall/ablagerungsquoten-der-hauptabfallstroeme#ablagerungsquoten- (Umweltbundesamt, 2019)
- https://www.umweltbundesamt.de/daten/ressourcen-abfall/abfallaufkommen#deutschlands-abfall
- https://www.umweltbundesamt.de/daten/ressourcen-abfall/verwertung-entsorgung-ausgewaehlter-abfallarten/verpackungsabfaelle#steigender-anfall-an-verpackungsabfallen
- https://www.umweltbundesamt.de/themen/abfall-ressourcen/entsorgung/mechanisch-biologische-behandlung
- https://www.umweltbundesamt.de/themen/abfall-ressourcen/entsorgung/thermische-behandlung
- https://www.umweltbundesamt.de/themen/abfall-ressourcen/entsorgung/chemisch-physikalische-behandlung

- https://www.umweltbundesamt.de/the-men/abfall-ressourcen/entsorgung/bioab-fallbehandlung#kompostierung-und-verga-rung
- https://www.umweltbundesamt.de/the-men/abfall-ressourcen/entsorgung/depo-nierung-lagerung
- https://www.umweltbundesamt.de/the-men/abfall-ressourcen/abfallwirtschaft
- https://www.umweltbundesamt.de/the-men/wasser/gewaesser/meere/nutzung-belastungen/muell-im-meer

**Verbraucherzentrale:**
- https://www.verbraucherzentrale.de/wis-sen/umwelt-haushalt/wohnen/gefahren-fuer-die-umwelt-durch-plastik-7015 (Ver-braucherzentrale, 2018)

**Weitere Quellen:**
- Richtlinie 2008/98/EG des Europäischen Parlaments und des Rates über Abfälle und zur Aufhebung bestimmter Richtlinien, Aus-fertigungsdatum: 19. November 2008

- https://www.wwf.de/2019/juni/wuerden-sie-eine-kreditkarte-essen/ (WWF, 2019)
- https://www.faz.net/aktuell/generation-plastik/plastik-recycling-in-deutschland-wie-ist-die-recyclingquote-15782613.html
- https://www.heise.de/tr/artikel/Statistik-der-Woche-Muell-und-Recycling-in-Deutschland-4425909.html
- https://www.sueddeutsche.de/wissen/muell-kreislauf-das-deutsche-recycling-maerchen-1.3491734
- https://www.sueddeutsche.de/wissen/zigaretten-als-umweltverschmutzung-viel-gift-in-der-kippe-1.1086893
- https://de.statista.com/statistik/daten/studie/194573/umfrage/recyclingquote-von-abfall-in-deutschland/
- https://www.wwf.de/themen-projekte/meere-kuesten/plastik/plastik-umgibt-uns-auch-in-unserer-nahrung-wasser-und-luft/
- https://www.youtube.com/channel/UCQ3H0L9BJkQlEX-Y7oHUnXg

- https://www.youtube.com/watch?v=UY9ZUODsTwo
- https://utopia.de/ratgeber/zero-waste-leben-ohne-muell/
- https://utopia.de/fragen/plastikmuell/

Herstellung und Verlag:

BoD – Books on Demand, Norderstedt

ISBN: 9783751936255

© Melanie Berger 2020

1. Auflage

Kontakt: Psiana eCom UG/ Berumer Str. 44/ 26844 Jemgum

Covergestaltung: Fenna Larsson

Coverfoto: depositphotos.com